तलातुम

तलातुम

जाफ़र मलिक

MANJUL
मंजुल पब्लिशिंग हाउस

MANJUL

मंजुल पब्लिशिंग हाउस

कॉरपोरेट एवं संपादकीय कार्यालय

• द्वितीय तल, उषा प्रीत कॉम्प्लेक्स, 42 मालवीय नगर,
भोपाल-462 003

विक्रय एवं विपणन कार्यालय

• सी-16, सेक्टर 3, नोएडा, उत्तर प्रदेश, 201301

वेबसाइट : www.manjulindia.com

वितरण केन्द्र

अहमदाबाद, बेंगलुरू, कोच्चि, कोलकाता, चेन्नई,
हैदराबाद, मुम्बई, नई दिल्ली, पुणे

तलातुम

यह संस्करण 2025 में मंजुल पब्लिशिंग हाउस प्राइवेट लिमिटेड द्वारा प्रकाशित

यह संस्करण 2025 में पहली बार प्रकाशित

ISBN 978-93-7317-567-6

मुद्रण व जिल्दसाज़ी : मणीपाल टेक्नोलॉजीज़ लिमिटेड, मणीपाल

अम्मी, अब्बू, अफ़साना, अमान

के नाम...

पेश लफ्ज़

आई.ए.एस की तैयारी करते वक़्त उर्दू साहित्य पढ़ने की वजह से शायरी के लिए लगाव पैदा हुआ। पिताजी भी उर्दू में शायरी लिखते हैं जिसे पढ़कर शायरी का शौक हुआ, अल्लामा इक़बाल, मिर्ज़ा ग़ालिब और फ़ैज़ अहमद फ़ैज़ की शायरी दिल को पसंद आने लगी। धीरे-धीरे लिखने की तरफ रुझान हुआ।

आई.ए.एस में सलेक्शन के बाद जब-जब वक़्त मिला कुछ लिखने की कोशिश की मगर पिछले कुछ सालों से काम की मसरूफ़ियत की वजह से ज़्यादा कुछ नहीं लिख सका। हाल फ़िलहाल जब कुछ दिन दफ़्तर से छुट्टी ली तब अपनी नयी पुरानी ग़ज़लों और नज़्मों को सँवारने का वक़्त मिला। तब लगा कि इससे पहले ये लफ्ज़ कहीं कागज़ों में गुम हो जाएं इन्हें किताब की शक्ल देना अच्छा होगा। ज़िन्दगी कि तरह ही मेरी शायरी में भी उतार चढाव पाए जाते हैं और यही सोचकर *तलातुम* नाम अच्छा लगा।

कई शुभचिंतक ऐसे भी हैं जो हिंदी नहीं पढ़ सकते और इसीलिए इस किताब को हिंगलिश में भी लिखा गया है। आसान शायरी होने की वजह से किसी भी लफ्ज़ का मतलब लिखना ज़रूरी नहीं समझा

आप अपने ख़यालात मुझे यहाँ मेल कर सकते हैं - jafarmalik1989@gmail.com.

आपका अपना,
जाफ़र मलिक

खुदा तुझे किसी तूफां से आशना कर दे
कि तेरे बहर की मोजों में इज़्तिराब नहीं
तुझे किताब से मुमकिन नहीं फराग कि तू
किताब ख्वां है मगर साहिब ए किताब नहीं

–अल्लामा इक़बाल

तलातुम

1

सारी गज़लें सारे किस्से तेरे है
दिल से जो भी शेर निकलते तेरे हैं

लफ्ज़ भी तेरे ताल भी तेरी और धुन भी
साज़ भी तेरा सारे नग़मे तेरे हैं

क्यों समझे हैं लोग यहाँ पर खुद को खुदा
भूल गए हैं आखिर बंदे तेरे हैं

मूंद लूं आंखे दिल में तू ही तू मौला
खोल दूँ आंखे हर सू जलवे तेरे हैं

मेरा क्या है कुछ भी नहीं है पास मेरे
सारी शोहरत सारे चर्चे तेरे हैं

Saari gazlein saare kisse tere hain
Dil se jo bhi sher nikalte tere hain

Lafz bhi tere taal bhi teri aur dhun bhi
Saaz bhi tera saare nagme tere hain

Kyon samjhe hain log yahaan par khud ko khuda
Bhool gae hain aakhir bande tere hain

Mund lun aankhein dil mein tu hi tu maula
Khol du aankhein har su jalwe tere hain

Mera kya hai kuch bhi nahin hai paas mere
Saari shohrat saare charche tere hain

2

माँ के नाम

आसान होती चली गई जो मुश्किलें मिलीं
माँ की दुआएँ साथ थीं, तब मंज़िलें मिलीं

थक कर निढाल हो गए दुनिया की दौड़ में
आंचल बढाया माँ ने, तब राहतें मिलीं

फीकी सी लग रही हैं ये दुनिया की नेमतें
माँ के कदम छुए, तब जन्नतें मिलीं

तेरी दुआ का सदक़ा है जो कुछ मैं आज हूँ
कदमों में तेरे रखता हूँ जो अज़मतें मिलीं

Maa ke naam

Aasan hoti chali gai jo mushkilein mili
Maa ki duaaein saath thi, tab manzilein mili

Thak kar niḍhal ho gaye duniya ki daud mein
Aanchal baḍhāyā maa ne, tab rāhatein mili

Fīki si lag rahi hain ye duniya ki nematein
Māa ke kadam chue, tab jannatein mili

Teri dua ka sadka hai jo kuch main aaj hun
Kadamon mein tere rakhta hun jo azmatein mili

3

एक बार में संवर उठूँ कुछ ऐसी नज़र मिले
किसी और दर पे क्यूँ झुके जिसे तेरा दर मिले

मसरूफियत के दौर में कुछ भी खबर नहीं
दिन रात कब बिछड़ गए कब शाम ओ सहर मिले

गुरबत में ही सिर्फ नहीं होती ठोकरें
देखा बुलंदियों पे जाके भी, सब दरबदर मिले

राहों को और आसां बनाती है मुश्किलें
बस हँस के आगे बढ चलो कहीं पर जो डर मिले

गज़लों में शायरी जो नहीं हो तो ना सही
हालात दिल के लिख दूँ बस इतना हुनर मिले

5

किसी मंज़िल को जो पाने की तमन्ना रखिये
हर घडी खुद में एक आग को जलता रखिये

हो हुनर खुद में तो हर बात सुनी जाती है
कब, क्या कहना है बस इतना सलीक़ा रखिये

ये रुकावट सब एक धार में बह जाएँगी
रास्ते होंगे, बस फितरत - ए- दरिया रखिये

खुद समझ जाओगे अहबाब की कीमत तुम भी
इस ज़माने में कोई दोस्त तो हम सा रखिये

हम ने माना कि मसरूफ हो तुम भी जाफर
शेर कहने के वो अंदाज़ तो ज़िंदा रखिये

Ek baar mein sanwar uthun kuch aisi nazar mile
Kisi aur dar pe kyūn jhuke jise terā dar mile

Masrufiyat ke daur mein kuch bhi khabar nahin
Din raat kab bichad gaye kab shaam o sahar mile

Gurabat mein hi sirf nahin hoti thokarein
Dekha bulandiyon pe jaake bhi, sab darbadar mile

Raahon ko aur aasan banati hai mushkilein
Bas hans ke aage badh chalo kahin par jo dar mile

Gazlon mein shayari jo nahin ho to naa sahi
Halaat dil ke likh du bas itna hunar mile

4

काफी है ये जो ज़ाद ए सफर साथ है मेरे
माँ तेरी दुआओं का असर साथ है मेरे

सच जो कहूँ तो तन्हा खडा पाता हूँ खुद को
जो झठू मैं कह दूँ तो शहर साथ है मेरे

रोज़ी कहाँ लिखी है अब परवाह किस को है
चलता हूँ अब लिए जो ये घर साथ है मेरे

देता है इस तपिश मे भी साया सा जो मुझे
खुशिकस्मती है मेरी जो ये शजर साथ है मेरे

है बस दुआ कि सच की ही खातिर चले क़लम
जब तक ये शायरी का हुनर साथ है मेरे

तेरी तरह तो मिल न सकी सल्तनत मगर
गज़लों की विरासत तो जफ़र साथ है मेरे

Kaafi hai ye jo zaad e safar sāth hai mere
Maa terī duaoan ka asar saath hai mere

Sach jo kahun to tanha khaḍa pata hun khud ko
Jo jhoot main keh du to shahar saath hai mere

Rozi kahan likhi hai ab parawah kis ko hai
Chalta hun ab lie jo ye ghar saath hai mere

Deta hai is tapish me bhi saya sa jo mujhe
Khush kismati hai meri jo ye shajar saath hai mere

Hai bas dua ki sach ki hi khatir chale qalam
Jab tak ye shayari ka hunar saath hai mere

Teri tarah to mil na saki saltanat magar
Gazalon ki virasat to zafar saath hai mere

Kisī manzil ko jo paāne ki tamanna rakhiye
Har ghaḍi khud mein ek aag ko jalta rakhiye

Ho hunar khud mein to har baat suni jaatti hai
Kab, kya kahna hai bas itna saleeqa rakhiye

Ye rukavaṭ sab ek dhaar mein beh jaayengi
Raaste honge, bas fitrat - e - dariya rakhiye

Khud samajh jaaoge ahbaab ki qeemat tum bhi
Is zamaane mein koi dost to ham saa rakhiye

Ham ne mana ki masaruf ho tum bhi Jafar
Sher kahne ke vo andaaz to zinda rakhiye

6

हर एक मोड़ पे यूँ रंग बदलना तेरा
ज़िन्दगी हम ना समझ पाए ये छलना तेरा

चढ़ते सूरज की तरह जाना बुलंदी की तरफ
और फिर रात की मानिंद यूँ ढलना तेरा

आग में तप के ही एक रोज़ निखरता है जमाल
काम आएगा किसी रोज़ ये जलना तेरा

रास्ते ऐसे बने, लौट के फिर जा ना सका
दरबदर कर गया वो घर से निकलना तेरा

तुझ को ले जाएगा मंज़िल पे यही एक दस्तूर
जब कभी गिरना, फिर गिर के संभलना तेरा

Har ek moḍ pe yun rang badalna tera
zindagi ham naa samajh paye ye chhalna tera

Chadhte sooraj ki tarah jaana bulandi ki taraf
Aur fir raat ki manind yun ḍhalna tera

Aag mein tap ke hi ek roz nikharta hai jamaal
Kaam aayegā kisi roz ye jalna tera

Raaste aise bane,laut ke fir jaa na saka
Darbadar kar gaya vo ghar se nikalna tera

Tujh ko le jayega manzil pe yahi ek dastoor
Jab kabhi girna, phir gir ke sambhalna tera

7

जब भी देखा तेरे रुख़्सार पे शबनम, बोले
दिल ने चाहा कि कहें खूब मगर कम बोले

झूठ को मिल गए बढ़ चढ़ के बोलने वाले
सच अकेला था, ताईद में बस हम बोले

लफ्ज़ खो देते हैं ताक़त जो बेमतलब निकलें
बात में दम अगर चाहें, तो ज़रा कम बोले

ये अपनी सादा दिली थी कि कमाल उसका था
चोट खाकर भी हर ज़ख्म को मरहम बोले

Jab bhi dekha tere rukhsaar pe shabnam bole
Dil ne chaha ki kahein khoob magar kam bole

Jhoot ko mil gaye badh chadh ke bolne vaale
Sach akela tha, ta'aied mein bas ham bole

Lafz kho dete hain taaqat jo bematlab niklein
Baat mein dam agar chahe, to zara kam bole

Ye apni saada dili thi ki kamaal uska tha
Choṭ khakar bhi har zakhm ko marham bole

8

हसीं लबों पे इरादों में ताज़गी सी है
नया सफर है उमंगें नई - नई सी है

वो एक शहर था हर कोई जाना पहचाना
ये एक शहर है सूरत ही अजनबी सी है

खुदा दिलाये उसे उसकी ख्विाहशों से निजात
कि जब भी मिलता है कहता है,कुछ कमी सी है

बताए कोई उन्हें अहसास मर गए जिनके
असल में मौत है, लगती जो ज़िन्दगी सी है

तू खुद को जीत जो दुनिया को जीतना हो अगर
उसे हरा दे, भीतर जो बुज़दिली सी है

क़लम भी खूब है वाक़िफ़ मेरे हुनर से तभी
जो दिल की बात भी लिख दूँ तो शायरी सी है

Hasi labon pe iradon mein tazagi si hai
Naya safar hai umangein nai - nai si hai

Vo ek shahar tha har koi jaana pahchana
Ye ek shahar hai surat hi ajnabi si hai

Khuda dilaye use uski khvahishon se nijaat
Ki jab bhi milta hai kahta hai kuch kami si hai

Bataye koi unhe ahsaas mar gaye jinke
Asal mein maut hai, lagti jo zindagi si hai

Tu khud ko jeet jo duniya ko jeetna ho agar
Use hara de, bheetar jo buzdili si hai

Qalam bhi khoob hai vaakif mere hunar se tabhi
Jo dil ki baat bhi likh dun to shayari si hai

9

अब नागवार है इक पल का भी जुदा होना
मै अब ये जाना क्या चीज़ है तेरा होना

वो रूठ जाना हर बात पर ख़फ़ा होना
यही तो है मुहब्बत मे आशना होना

ज़रा अंधेरे हैं फिर देखो रोशनी होगी
निज़ाम ए दुनिया है हर रात का सुबह होना

किसी की याद में पथराई फूल सी आंखें
वो इंतज़ार में चेहरे का चांद सा होना

मेरे हर ख्वाब मे बसती हैं खुशबुएँ तेरी
गज़ल गवाह है ख़्यालों में भी तेरा होना

Ab nagavar hai ik pal ka bhi juda hona
Mai ab ye jaana kya cheez hai tera hona

Vo rooṭh jaana har baat par khafa hona
Yahi to hai muhabbat me ashna hona

Zara andhere hain fir dekho roshni hogi
Nizaam e duniya hai har raat ka subah hona

Kisi ki yaad mein patharai phool si aankhein
Vo intezar mein chehre ka chaand sa hona

Mere har khwaab me basti hain khushbuein teri
Gazal gavah hai khayalon mein bhi tera hona

10

वक़्त की रफ्तार मे कुछ मिल गया कुछ खो गया
ज़िन्दगी का नाम क्या है रोज़ ओ शब का सिलसिला

खुद के ही हालात पर, कभी हंस दिए कभी रो दिए
इक परिंदा हवा का वो, कभी गिर गया कभी उड गया

भागते इस शहर में, कुछ भागते इन्साँ भी हैं
जो भी यहाँ धीरे चला, पीछे कहीं वो रह गया

ना कह सके कहना था जो, बस रह गए ये लब खुले
मसरूफ था वो इस क़दर उठकर अचानक चल दिया

झूठी ये सारी शान है, किस बात का गुमान है
पाना जो चाहे शोहरतें, झुक जा ज़रा, झुक जा ज़रा

कल जो खडे थे शान से वो सर न जाने क्या हुए
सोए हुए थक कर यहाँ, कुछ उस तरफ कुछ इस जगह

Waqt ki raftaar me kuch mil gaya kuch kho gaya
zindgi ka naam kya hai roz o shab ka siasila

Khud ke hi halaat par, kabhi hans diye kabhi ro diye
Ik parinda hawa ka vo, kabhi gir gaya kabhi uḍ gaya

Bhaagte is shahar me, kuchh bhaagte insan bhi hain
Jo bhi yahan dheere chala, peeche kahin vo rah gaya

Naa kah sake kahna tha jo, bas rah gae ye lab khule
Masroof tha vo is qadar uthkar achanak chal diya

Jhooti ye saari shaan hai, kis baat ka gumaan hai
Pana jo chahe shohratein, jhuk ja zara, jhuk ja zara

Kal jo khade the shaan se vo sar na jaane kya huye
Soye hue thak kar yahan, kuch us taraf kuch is jagah

11

दिल करे अपने ही काबू से निकल जाऊँ मैं
यूं गिरूं गिरते ही गिरते में संभल जाऊँ मैं

फिर उठूँ इक नई उम्मीद सहर की लेकर
जलते जलते जो किसी शाम को ढल जाऊँ मैं

रोशनी ऐसी कि आंखे भी न काबू में रहें
एक नज़र वो भी हो बस देख के जल जाऊँ मैं

मैं न मांगू वो दौलत वो ऐश ओ आराम
इतना दे दे कि जहाँ में तेरे पल जाऊँ मैं

Dil kare apne hi qaboo se nikal jaaun main
Yun girun girte hi girte me sambhal jaaun main

Fir uṭhun ik nai ummeed sahar ki lekar
Jalte jalte jo kisi shaam ko dhal jaaun main

Roshni aisi ki aankhein bhi na qaboo me rahein
Ek nazar vo bhi ho bas dekh ke jal jaaun main

Main n maangun vo daulat vo aish o aaram
Itna de de ki jahan mein tere pal jaaun main

12

अब जो आये हो तो इतना तो निभाना होगा
बोझ अपना इन्ही कांधो पे उठाना होगा

ताकि दुनिया कहीं कमज़ोर न समझे तुमको
खुद रोकर भी, औरों को हँसाना होगा

इसी उम्मीद पे चलते हुए मुद्दत गुज़री
कोई घर होगा, कहीं अपना ठिकाना होगा

इस बुलंदी के सफर में ये ज़रा याद रहे
जब बुलाएगी ज़मीन लौट के जाना होगा

Ab jo aaye ho to itna to nibhana hoga
Bojh apna inhi kaandhon pe uthana hoga

Taki duniya kahin kamzor na samjhe tumko
Khud rokar bhi, auron ko hansana hoga

Isi ummeed pe chalte hue muddat guzri
Koi ghar hoga, kahin apni thikana hoga

Is bulandi ke safar mein ye zara yaad rahe
Jab bulayegi zameen laut ke jaana hoga

13

जो ना सोचा हो किसी ने वो कर जाऊं मैं
एक नज़र मुझ पे हो ऐसी कि संवर जाऊं मैं

ऐसे अरमान कि नींदों से जगाए मुझ को
ख्वाहिशें ऐसी कि बस सोच के मर जाऊं मैं

रश्क करने लगे मुझसे ये ज़माने वाले
इश्क ऐसा हो कि बस हद से गुज़र जाऊं मैं

फिर वही रस्म ए दुआ नज़्र ए करम फिर से वही
एक तेरे दर पे जो बैठूं तो निखर जाऊं मैं

और होंगे वो तेरे कदमों में झुकने वाले
वो नहीं हूं कि तेरे ज़ुल्म से डर जाऊं मैं

एक नज़र पाने को बेताब वो बूढ़ी आंखें
सोचती होंगी कि कब लौट के घर जाऊं मैं

Jo naa socha ho kisi ne vo kar jaaun main
Ek nazar mujh pe ho aisi ki sanwar jaaun main

Aise armaan ki neendon se jagaye mujh ko
Khwahishein aisi ki bas soch ke mar jaaun main

Rashk karne lage mujhse ye zamaane waale
Ishk aisa ho ki bas had se guzar jaaun main

Phir vahi rasm e dua nazr e karam fir se vahi
Ek tere dar pe jo baiṭhun to nikhar jaaun main

Aur honge vo tere kadamon mein jhukne waale
Vo nahin hun ki tere zulm se ḍar jaaun main

Ek nazar paane ko betaab vo booḍhi aankhein
Sochti hongi ki kab laut ke ghar jaaun main

14

हर दिन साथ बिताया हर पल, एक सपना सा लगता है
कभी जो था तेरा और मेरा, अब अपना सा लगता है

लाओ सब दुख दे दो मुझको, सब खुशियां लो ले जाओ
जब जब तुझको सोचने बैठूं, यही अरमाँ सा लगता है

अंधी राहें गूंगे रस्ते, सब धुंधला सा लगता था
बस एक तेरे आ जाने से, सब उजला सा लगता है

खामोशी अब ऐसे टूटे, हर आहट पर तुझ को ढूंढे
रात के इस सन्नाटे में भी कोई हँसता सा लगता है

रंग बिना थी सब तस्वीरें, ख्वाब बिना सब ताबीरें
एक तसव्वुर आधा-आधा, अब पूरा सा लगता है

Har din saath bitaya har pal, ek sapna sa lagta hai
Kabhi jo tha tera aur mera, ab apna sa lagta hai

Laao sab dukh de do mujhko, sab khushiyan lo le jaao
Jab jab tujhko sochne baithun, yahi armaan sa lagta hai

Andhi raahean goonge raste, sab dhundhla sa lagta tha
Bas ek tere aa jaane se, sab ujla sa lagta hai

Khamoshi ab aise toote, har aahat par tuz ko dhoondhe
Raat ke is sannate me bhi koi hansta sa lagta hai

Rang bina thi sab tasveerein, khwaab bina sab taaberien
Ek tasavvur aadha- aadha, ab poora sa lagta hai

15

शायरी क्या है, बस सादा बयानी लिख दूँ
ओस को मोती शबनम को मैं पानी लिख दूँ

एक-एक लम्हा, तेरे साथ गुज़ारा हर पल
दिन नया होता है गर बात पुरानी लिख दूँ

एक पर एक सितम और ये खामोशी की रिदा
आप बोलेंगे या मैं अपनी ज़ुबानी लिख दूँ

सोचता रहता हूँ ये वक़्त कभी आया ही नहीं
किसी कागज़ पे जो लफ्ज़ जवानी लिख दूँ

ज़िन्दगी मुझ पे ये अहसान बयां कैसे करूँ
खुद कलम रो पड़े गर अपनी कहानी लिख दूँ

Shayari kyaa hai, bas saadabayani likh dun
Os ko moti shabnam ko main paani likh dun

Ek - ek lamha, tere saath guzara har pal
Din naya hota hai gar baat puraani likh dun

Ek par ek sitam aur ye khamoshi ki rida
Aap bolenge ya main apni zubani likh dun

Sochta rahta hun ye waqt kabhi aaya hi nahin
Kisi kaagaz pe jo lafz jawani likh dun

Zindagi mujh pe ye ahsaan bayaan kaise karun
Khud qalam ro pade gar apni kahani likh dun

16

ना मिटने का, ना बनाने का तरीक़ा समझे
ठोकरें खाके भी न जीने का सलीका समझे

लोग हर मोड़ पे देते रहे फ़रेब मगर
इतने नादान थे हर शख्स को खुद सा समझे

ठोकरों में ही उड़ाते रहे हर पल खुद को
मौत आयी तो जीने की तमन्ना समझे

धुप ऐसी उस पे वो प्यास की शिद्दत ऐसी
हम भी धोखे से सेहरा को ही दरिया समझे

Naa mitane ka, na banane ka tareeqa samjhe
Thokarein khake bhi na jeene ka saleeqa samjhe

Log har mod pe dete rahe fareb magar
Itne nadaan the har shakhs ko khud saa samjhe

Thokaron mein hi udaate rahe har pal khud ko
Maut aayi to jeene ki tamanna samjhe

Dhoop aisi uspe vo pyaas ki shiddat aisi
Ham bhi dhokhe se sehra ko hi dariyaa samjhe

17

अब उस मक़ाम पे अपनी भी ज़िन्दगी आये
ग़मों को देख के महसूस हो ख़ुशी आये

उदास दिल हो आंखों में भी नमी आये
हाँ तेरी याद तो आये मगर कभी कभी आये

जमाल ए यार की पोशीदा सुख़नवरी मत पूछ
कि जब भी देखूं उसे लहजे में शायरी आये

बने थे मिट्टी के मिट्टी ही में कहीं खोये
गुरूर लेके यहाँ जितने भी आदमी आये

Ab us maqaam pe apni bhi zindagi aaye
Gamon ko dekh ke mahasus ho khushi aaye

Udaas dil ho aankho mein bhi nami aaye
Haan teri yaad to aaye magar kabhi kabhi aaye

Jamal e yaar ki poshida sukhanvari mat pooch
Ki jab bhi dekhun use lahje mein shaayari aaye

Bane the mitti ke mitti hi mein kahin khoye
Guroor leke yahan jitne bhi adami aaye

18

सुनाऊँ किस तरह तुमको ये दास्ताँ दिल की
खमोश लब हैं चुप चुप सी है ज़बां दिल की

हर एक क़दम पे बुलाती रही सदा दिल की
क़रीब अक़्ल थी सुन पाए हम कहाँ दिल की

बहुत से दर्द थे वैसे भी ऐ खुदा मुझको
जो तूने बख़्शी एक और ये सज़ा दिल की

मिला था जब से दुनिया नयी सी लगती थी
जुदा हुआ तो सब उम्मीद ले गया दिल की

मैं एक इशारे पे दुनिया भी लुटा सकता था
बस एक बार तो कहता तू बेवफा दिल की

Sunau kis tarah tumko ye daastan dil ki
Khamosh lab hain chup chup si hai zabaan dil ki

Har ek kadam pe bulati rahi sadaa dil ki
Qareeb akl thi sun paaye ham kahan dil ki

Bahut se dard the vaise bhi ai khuda mujhko
Jo tune bakhshi ek aur ye saza dil ki

Mila tha jab se duniya nayi si lagti thi
Juda hua to sab ummeed le gaya dil ki

Main ek ishare pe duniya bhi luṭa sakta tha
Bas ek baar to kahta tu bewafa dil ki

(19)

सरहद

कोई फ़र्क़ नज़र ना आया जब हम पहुंचें सरहद पर
दोनों तरफ इंसान को पाया जब हम पहुंचें सरहद पर

दोनों तरफ सूरज की किरणें, हवा की रफ़्तार वही
एक रगं था मिट्टी का और पानी की थी धार वही

इसी बीच हम ने वहां एक अमन की आशा देखी थी
एक चिड़िया जो इधर थी पहले फिर उधर जा बैठी थी

दिल ने चाहा पूछें उससे कैसा लगा उस वादी में
कितनी खुशिकस्मत है तू चिड़िया रहती है आज़ादी में

चिड़िया बोली तुम नादान हो खुद पे पहरे लगाते हो
दिलों को जुदा करके दिलों से क्यों ये सरहद बनाते हो

Sarhad

Koi farq nazar na aaya jab ham pahunche sarhad par
Dono taraf insan ko paya jab ham pahunche sarhad par

Dono taraf sooraj ki kirnein, hawa ki raftaar wahi
Ek rang tha mitti ka aur paani ki thi dhaar vahi

Isi beech ham ne vahaan ek amn ki aasha dekhi thi
Ek chidiya jo idhar thi pahle fir udhar jaa baithi thi

Dil ne chhaha pooche usse kaisa laga us vaadi mein
Kitni khush kismat hai tu chidiya rahti hai azadi mein

Chidiya boli tum naadan ho khud pe pahre lagate ho
Dilon ko judaa karke dilon se kyon ye sarhad banaate ho

20

हर तरफ भीड़ है लोगों की, और मैं तन्हा
हँसते - मुस्कुराते आदमी, और मैं तन्हा

ना कोई दोस्त ना अहबाब जो समझे ग़म को
कहने को महफ़िल है सजी, और मैं तन्हा

एक चेहरे में छिपे रहते हैं कितने चेहरे
सब फरेब सब बनावटी, और मैं तन्हा

इतना कमज़ोर ना कर मुझको कि जी भी ना सकूं
इतनी मुश्किल ज़िन्दगी, और मैं तन्हा

Har taraf bheed hai logon ki, aur main tanha
Haste - muskurate aadmi, aur main tanha

Naa koi dost naa ahbab jo samajhe gham ko
Kahne ko mahfil hai saji, aur main tanha

Ek chehre mean chipe rahte hain kitne chehre
Sab fareb sab banavati, aur main tanha

Itna kamazor na kar mujhko ki jee bhi na sakun
Itni mushkil zindagi, aur main tanha

21

ना कोई साथी, ना सम्बल,संभल के चल
चाहे जितना दूर निकल, संभल के चल

जाना तो है एक दिन, चाहे आज या कल
मौत बुलाती है पल-पल, संभल के चल

क़दम क़दम पर ठोकर खायी, कुछ तो सीख
कब तक बहकेगा पागल, संभल के चल

सामने तेरे बस ये भागती दुनिया है
छूट गया माँ का आँचल, संभल के चल

हार के बाद तो अगली मंज़िल जीत ही है
गिर जाए तो फिर से संभल, संभल के चल

Naa koi saathi,na sambal, sambhal ke chal
Chaahe jitna door nikal, sambhal ke chal

Jaana to hai ek din, chaahe aaj ya kal
Maut bulati hai pal-pal, sambhal ke chal

Qadam qadam par thokar khayi, kuch to seekh
Kab tak bahkega pagal, sambhal ke chal

Saamne tere bas ye bhaagti duniya hai
Chhut gaya maa ka aanchal, sambhal ke chal

Haar ke baad to agli manzil jeet hi hai
Gir jaaye to phir se sambhal, sambhal ke chal

22

तमाम उम्र रहे ढूँढ़ते, मगर कहीं न मिली
जिए तलाश में जिसकी, वो ज़िन्दगी न मिली

हाए वो अंदाज़ ऐ बयान ग़ालिब, कि तेरे बाद
बहुत से आये सुख़नवर, वो शायरी ना मिली

बहुत वसीह था दामन शहर का मगर
जो मैंने मांगी तो दो गज़ की भी ज़मीन ना मिली

हर एक शाम को कहते हैं इश्क़ वाले लोग
खुदा का शुक्र है कोई चोट फिर नयी ना मिली

भले खिलाफ हैं, लेकिन उसूल हैं उसके
कि उसकी दुश्मनी जैसी तो दोस्ती ना मिली

Tamaam umr rahe dhoondhte, magar kahin na mili
Jiye talaash mein jiski, vo zindagi na mili

Haaye vo andaaz e bayan ghalib, ki tere baad
Bahut se aaye sukhanvar, vo shayari na mili

Bahut vaseeh tha daaman shahar ka magar
Jo maine maangi to do gaz ki bhi zameen na mili

Har ek shaam ko kahte hain ishq waale log
Khuda ka shukr hai koi chot phir nayi na mili

Bhale khilaaf hain, lekin usool hain uske
Ki uski dushmani jaisi to dosti na mili

23

क़लम

फिर क़लम हार गया
मेरे अपने ख़्यालों से

अनसुलझे सवालों से
दिल के इन बवालों से

कभी लफ्ज़ थे ख़्याल नहीं
कभी जवाब थे सवाल नहीं

कभी माज़ी कभी हाल नहीं
अपनी आवाज़ की लाचारी पर

हुनर की इस अदाकारी पर
कभी अपनी इसी बेकारी पर

कभी कलम हँसता कभी मैं हँसता
कभी हम दोनों कभी कोई नहीं

सुबह से शाम तक दिल को यूँ बहलाता रहा
लफ्ज़ लिखता रहा कागज़ पे और मिटाता रहा

Qalam

Fir qalam haar gaya
Mere apne khayalon se

Ansuljhe sawalon se
Dil ke in bavalon se

Kabhi lafz the khayal nahin
Kabhi jawab the sawal nahin

Kabhi maazi kabhi haal nahin
Apni aawaaz ki laachari par

Hunar ki is adakari par
Kabhi apni isi bekari par

Kabhi qalam hansta kabhi main hansta
Kabhi ham donon kabhi koi nahin

Subah se shaam tak dil ko yun bahlaata raha
Lafz likhta raha kaagaz pe aur mitaata raha

24

फतह होती है फ़क़त उनका मुक़द्दर बेटा
जो बुलंदी में भी रहते हैं ज़मीं पर बेटा

कभी इन झूठे खुदाओं से ना रखना उम्मीद
बस भरोसा हो तो उस एक खुदा पर बेटा

होंसला वो हो कि हर ज़ुल्म से टकरा जाए
सब्र ऐसा हो कि झकु जाए सितमगर बेटा

दांव पर लगने लगे जब भी वतन की इज़्ज़त
सबसे आगे रहे उस वक़्त तेरा सर बेटा

आँख में अश्क ए नदामत हो और सजदे में सर
तो दुआओं की रसाई हो फलक पर बेटा

Fatah hoti hai faqat unka muqaddar beta
Jo bulandi mein bhi rahte hain zameen par beta

Kabhi in jhoothe khudaon se naa rakhna ummeed
Bas bharosa ho to us ek khuda par beta

Honsla vo ho ki har zulm se ṭakra jaye
Sabr aisa ho ki jhuk jaye sitamgar beta

Daanv par lagne lage jab bhi vatan ki izzat
Sabase aage rahe us waqt tera sar beta

Aankh mein ashk e nadamat ho aur sajde mein sar
To duaaon ki rasaai ho falak par beta

माँगना है तो उठा दस्त ए तलब उस के हुज़ूर
वो जो कर देता है क़तरे को समंदर बेटा

हम फ़क़ीरों का ठिकाना है ना कोई घर है
बस यही खानाबदोशी है मुक़द्दर बेटा

तुझ से हो रौशनी ऐसी कि अँधेरे मिट जाएं
मिस्ल -ए - खुर्शीद ज़माने में सहर कर बेटा

आदमी ज़िंदा ओ जावेद तो किरदार से है
ख़ाक में मिल गए दारा ओ सिकंदर बेटा

शब् की तन्हाई में हर लम्हा ग़ज़ल कहते वक़्त
अश्क़ आँखों से छलकते थे बराबर बेटा

Maangna hai to uṭha dasta e talab us ke huzoor
Vo jo kar deta hai qatre ko samandar beta

Ham fakeeron ka thikana hai na koi ghar hai
Bas yahi khanabadoshi hai muqaddar beta

Tujh se ho roshni aisi ki andhere mit jayein
Misl -e - khursheed zamane mein sahar kar beta

Adami zinda o javed to qirdaar se hai
Khaaq mein mil gaye daara o sikandar beta

Shab ki tanhaai mean har lamha gazal kahte waqt
Ashq aankhon se chalakte the barabar beta

25

किसी को दी मुहब्बत की निशानी किस को कहते हैं
कभी मिलिए सुनाएंगे, कहानी किस को कहते हैं

कोई पूछे बताएँगे जो कुछ भी गुज़री है
जुबां होते हुए भी बेज़ुबानी किस को कहते हैं

अभी दौलत नयी है, उसको जी भर कर दिखाने दो
ये दुनिया सब समझती है, खानदानी किस को कहते हैं

हमारे गांव में अब भी सिखाते हैं ये बच्चों को
हया क्या है, आँखों का पानी किस को कहते हैं

तलाश ए रिज़्क़ में घूमे कभी इस दर कभी उस दर
कभी ये ना समझ पाए जवानी किस को कहते हैं

Kisi ko di muhabbat ki nishaani kis ko kahte hain
Kabhi miliye sunayenge, kahaani kis ko kahte hain

Koi pooche batayenge jo kuch bhi guzri hai
Zubaan hote hue bhi bezubaani kis ko kahte hain

Abhi daulat nayi hai, usko jee bhar kar dikhane do
Ye duniya sab samajhti hai, khaandani kis ko kahte hain

Hamare gaanv main ab bhi sikhate hain ye bacchon ko
Haya kya hai, aankhon ka paani kis ko kahte hain

Talash e rizq mein ghoome kabhi is dar kabhi us dar
Kabhi ye naa samajh paye jawaani kis ko kahte hain

26

हक़ यूँ किया है अपना अदा मेरी क़लम ने
कुछ भी ना कहा सच के सिवा मेरी क़लम ने

ना दरबार की खातिर, ना अखबार की खातिर
जो भी लिखा है दिल से लिखा मेरी क़लम ने

आग़ाज़ से अंजाम तक सच्चाई ही सच्चाई
ज़ालिम के दर पे ना सजदा किया मेरी क़लम ने

रात की तारीकियों में करके रोशन इक चिराग
ज़ुल्मत के मुँह पे वार किया मेरी क़लम ने

मंज़िल की तमन्ना भी और चलने का जज़्बा भी
ग़ज़लों में भी पैगाम दिया मेरी क़लम ने

देख ले उर्दू ज़बान खिदमतें मेरी भी तू
तुझ को जहाँ में आम किया मेरी क़लम ने

Haq yun kiya hai apna adaa meri qalam ne
Kuch bhi na kaha sach ke siva meri qalam ne

Naa darbaar ki khaatir, naa akhbar ki khaatir
Jo bhi likha hai dil se likha meri qalam ne

Aagaz se anjaam tak sachhai hi sachhai
zaalim ke dar pe naa sajdaa kiya meri qalam ne

Raat ki taarekiyon mein karke roshan ek chiraag
zulmat ke muh pe waar kiya meri qalam ne

Manzil ki tamanna bhi aur chalne ka jazba bhi
Gazlon mein bhi paigaam diya meri qalam ne

Dekh le urdu zabaan khidmatein meri bhi tu
Tujh ko jahan mein aam kiya meri qalam ne

27

पैगाम दे गयी है ये बाद ए सबा मुझे
मंज़िल पे ले के जाएगा खुद रास्ता मुझे

पामाल करके छोड़ेगा अहदे वफ़ा मुझे
ए दिल तू दे रहा है ये कैसी सज़ा मुझे

मंज़िल की जुस्तुजू में थे भटके हुए कभी
मंज़िल समझ रहा है अब सारा जहाँ मुझे

ज़ालिम भी वही, प्यास भी, दरिया भी वही है
लगता है फिर बुलाये है कर्ब -ओ -बला मुझे

डरता हूँ कैसे गुज़रेगा तन्हा मेरा सफर
अपनी अमां में ले ले तू मेरे खुदा मुझे

दीवानगी-ए-शौक में भटकूँ हूँ रातदिन
कुछ भी नज़र ना आये है तेरे सिवा मुझे

Paigaam de gayi hai ye baad e saba mujhe
Manzil pe le ke jayega khud raasta mujhe

Pamaal karke chhodega ahde wafa mujhe
Ae dil tu de raha hai ye kaisi saza mujhe

Manzil ki justuju mein the bhatke hue kabhi
Manzil samajh raha hai ab saara jahan mujhe

zaalim bhi vahi, pyaas bhii, dariya bhi vahi hai
Lagta hai fir bulaye hai karba -o -bala mujhe

Ḍarta hun kaise guzrega tanha mera safar
Apni amaan mein le le tu mere khuda mujhe

Diwangi-e-shauk mean bhatkun hun raat din
Kuch bhi najzar naa aaye hai tere siva mujhe

28

क्यों न एक बार ऐसा भी करके देखते हैं
जूनून ए इश्क़ में हद से गुज़र के देखते हैं

होसले वाले तो चल देते हैं मंज़िल की तरफ
जो हैं कमज़र्फ सितारे सफर के देखते हैं

ज़माना हो गया उनकी गली से गुज़रे मगर
राह अब भी मेरी वो बन संवर के देखते हैं

रुख से जब आप हटाते हैं नक़ाब अपना हुज़ूर
सितारे खुद भी ज़मीं पर उतर के देखते हैं

कभी तो हम को भी आये बुलावा उस दर का
कभी तो हम भी नज़ारे उधर के देखते हैं

Kyon na ek baar aisa bhi karke dekhte hain
Junoon e ishq mein had se guzar ke dekhte hain

Honsle wale to chal dete hain manzil ki taraf
Jo hain kamzarf sitare safar ke dekhte hain

Zamana ho gaya unki gali se guzre magar
Raah ab bhi meri vo ban sanvar ke dekhte hain

Rukh se jab aap hatate hain naqaab apna huzoor
Sitare khud bhi zameen par utar ke dekhte hain

Kabhi to ham ko bhi aaye bulava us dar ka
Kabhi to ham bhi nazare udhar ke dekhte hain

29

जिस चेहरे पे न हो चेहरा, वो चेहरा नहीं देखा
आदमी तो बहुत देखे हैं इंसां नहीं देखा

खुद बन के जले अपना ही सूरज जो जहाँ में
उस शख्स की आँखों ने अन्धेरा नहीं देखा

डूबे जो एक बार उन आँखों के नशे में
ताउम्र कभी हम ने किनारा नहीं देखा

हम प्यार से बोले तो वो देने लगा फरेब
नादान ने शायद अभी गुस्सा नहीं देखा

हावी रही आँखों में सदा नींद इसलिए
बच्चों ने कोई ख्वाब सुनहरा नहीं देखा

आँखों में तो रहती थी हमेशा मेरी मंज़िल
मैंने कभी रस्ता कोई दूजा नहीं देखा

Jis chehre pe na ho chehra, vo chehra nahin dekha
Aadam to bahut dekhe hain insaan nahin dekha

Khud ban ke jale apna hi sooraj jo jahan mein
Us shakhs ki aankhon ne andhera nahin dekha

Doobe jo ek baar un aankhon ke nashe mein
Ta' umr kabhi ham ne kinara nahin dekha

Ham pyaar se bole to vo dene laga fareb
Nadaan ne shayad abhi gussa nahin dekha

Haavi rahi aankhon mein sadaa neend isliye
Bachcho ne koi khwabb sunahra nahin dekha

Aankhon mein to rahti thi hamesha meri manzil
Maine kabhi rasta koi dooja nahin dekha

30

आज फिर आयी तेरी याद, तो ग़म क्या करना
आज फिर दिल हुआ नाशाद, तो ग़म क्या करना

क्यों डराए है अब अंजाम से बेकार है सब
हो चुके इश्क़ में बर्बाद, तो ग़म क्या करना

हर कदम पे है ज़ंजीर ग़ुलामी की मगर
कहने को हम भी हैं आज़ाद, तो ग़म क्या करना

सुबह होने को है बेताब, उजाले होंगे
ख़त्म अब ज़ुल्म की मीयाद, तो ग़म क्या करना

अजीब वक़्त है अपनी ही बर्बादी की
हमीं लिखने लगे रूदाद, तो ग़म क्या करना

Aaj phir aayi teri yaad, to gham kya karna
Aaj phir dil hua naashad, to gham kya karna

Kyon darae hai ab anjaam se bekaar hai sab
Ho chuke ishq mein barbaad, to gham kya karna

Har kadam pe hai zanjeer ghulami ki magar
Kahne ko ham bhi hain aazad, to gham kya karna

Subah hone ko hai betaab, ujaale honge
Khatm ab zulm ki miyaad, to gham kya karna

Ajeeb waqt hai apni hi barbadi ki
Hamin likhne lage rudaad, to gham kya karna

31

आयी उन्हें जो याद ए वफ़ा, मुझको देखकर
तौबा भी करें मांगें दुआ, मुझ को देख कर

कुछ भी नहीं है, हाँ मगर, कुछ तो ज़रूर है
देखे हैं आईना वो, खुदा, मुझ को देख कर

आँखों की रौशनी में जो जज़्बात भी मिलें
लगता है सुर्ख रंग ए हिना, मुझ को देख कर

किस किस से अब छुपाएँ भला हाल-ए-दिल बता
पूछे हैं लोग तेरा पता, मुझ को देख कर

हूँ तो बस एक चराग, पर तेरा करम है ये
नज़रें झुका के चलती है हवा, मुझ को देख कर

Aayi unhein jo yaad e wafa, mujhko dekh kar
Tauba bhi karein maangein dua, mujh ko dekh kar

Kuch bhi nahin hai, haan magar, kuch to zarur hai
Dekhe hain aaina wo, khuda, mujh ko dekh kar

Aankhon ki raushani mein jo jazbaat bhi milein
Lagta hai surkh rang e hina, mujh ko dekh kar

Kis kis se ab chhupaye bhala haal-e-dil bata
Puchhe hain log tera pata, mujh ko dekh kar

Hun to bas ek charag, par tera karam hai ye
Nazrein jhuka ke chalati hai hawa, mujh ko dekh kar

32

हमसफ़र

बस इस सफर में हमसफ़र तुझ सा मांग कर
कुछ भी ना मांगू दुनिया से संग तेरा मांग कर

जिसे तू मिले उसे ज़िन्दगी में और किस की तलाश हो
हर एक कदम पे तेरी मुहब्बत का पास हो
ग़म चाहे जितने हो पर कभी वो ना उदास हो
जब हौसला हो तुझ से तो कोई क्यों कर निराश हो

फिर और कोई दुआ नहीं तुझे अपना मांग कर
कुछ भी ना मांगू दुनिया से संग तेरा मांग कर

मैं तुझ को कितना चाहूँ हूँ क्या तुझ को खबर है
तेरे बिना ना रात ओ दिन ना शाम ओ सहर है
दिल में फिर और कुछ नहीं तेरी यादो का बसर है
तन्हा ये रास्ते हैं और मुश्किल ये सफर है

अपनी दुआ में एक दोस्त तेरे जैसा मांग कर
कुछ भी ना मांगू दुनिया से संग तेरा मांग कर

Hamsafar

Bas is safar mein hamsafar tujh sa maang kar
Kuch bhi naa mangu duniya se sang tera maang kar

Jise tu mile use zindagi mein aur kis ki talash ho
Har ek kadam pe teri muhabbat ka paas ho
Gham chahe jitne ho par kabhi vo na udaas ho
Jab hausla ho tujh se to koi kyon kar niraash ho

Fir aur koi dua nahin tuze apna maang kar
Kuch bhi naa maangu duniya se sang tera maang kar

Main tujh ko kitna chāhū hun kya tujh ko khabar hai
Tere bina naa raat o din naa shaam o sahar hai
Dil mein phir aur kuch nahin teri yaadon ka basar hai
Tanha ye raaste hain aur mushkil ye safar hai

Apni duaa mein ek dost tere jaisa maang kar
Kuch bhi naa maangu duniya se sang tera maang kar

33

तपते सेहराओं में फूलों के सिवा कुछ भी नहीं
पास मेरे तेरी यादों के सिवा कुछ भी नहीं

बहार आये तो खिले और ख़िज़ाँ में गिर जाये
ज़िन्दगी पेड़ के पत्तों के सिवा कुछ भी नहीं

बस यही हैं, जो कुछ हैं ख़ज़ाने मेरे
मेरा सरमाया किताबों के सिवा कुछ भी नहीं

हम ने अब जाना क्या चीज़ अदा का होना
तेरी आँखों के इशारों के सिवा कुछ भी नहीं

ज़िन्दगी हमने भी काटी है तो काटी ऐसे
अब बताने को तो ज़ख्मों के सिवा कुछ भी नहीं

डर के बैठो तो फिर और डराती है थकन
बुज़दिली टूटे इरादों के सिवा कुछ भी नहीं

हैं वो नादान जो दौलत ओ शोहरत मांगें
मुझको वो दे जो उसूलों के सिवा कुछ भी नहीं

शायरी क्या है बस हाल बयानी दिल की
मेरी ग़ज़लों में तो आहों के सिवा कुछ भी नहीं

Tapte sehraaon mein phoolon ke siva kuch bhi nahin
Paas mere teri yaadon ke siva kuch bhi nahin

Bahaar aaye to khile aur khazaan mein gir jayein
Zindagi ped ke patton ke sivaa kuch bhi nahin

Bas yahi hain, jo kuch hain khazane mere
Mera sarmaya kitabon ke siva kuch bhi nahin

Ham ne ab jana kya cheez ada ka hona
Teri aankhon ke isharon ke siva kuch bhi nahin

Zindagi hamne bhi kaati hai to kaati aise
Ab batane ko to zakhmon ke siva kuch bhi nahin

Dar ke baitho to fir aur darati hai thakan
Buzdili toote iraadon ke siva kuch bhi nahin

Hain vo nadaan jo daulat o shohrat maangein
Mujhko vo de jo usoolon ke siva kuch bhi nahin

Shayari kya hai bas haal bayani dil ki
Meri gazlon mein to aahon ke sivaa kuch bhi nahin

34

अच्छा ख़ासा सोचा जाये
तब थोड़ा सा बोला जाये

मौत तो आखिर आनी ही है
क्यों कर इतना रोया जाये

आँख में आंसू रख कर देखो
मिलता है जो माँगा जाये

कैसे मैं समझौता कर लूँ
जाती है तो दुनिया, जाये

आसमान में बादल रोये
जब जब कोई अपना जाये

आगे आगे दुनिया भागे
पीछे बचपन छूटा जाये

किस ने आकर दस्तक दी है
दिल का आँगन महका जाये

Acchha khasa socha jaye
Tab thoda sa bola jaye

Maut to aakhir aani hi hai
Kyon kar itna roya jaye

Aankh mein aansoo rakh kar dekho
Milta hai jo maanga jaye

Kaise main samajhauta kar lun
Jaati hai to duniya, jaye

Aasman mein badal roye
Jab jab koi apna jaye

Aage aage duniya bhaage
Peeche bachpan chhoota jaye

Kis ne aakar dastak di hai
Dil ka aangan mahka jaye

तुम भी चुप चुप रहते हो अब
हमसे भी ना बोला जाये

दिल तो आखिर दिल होता है
कहाँ - कहाँ ये पगला जाये

तुमसे और सुना ना जाये
हमसे और लिखा ना जाये

Tum bhi chup chup rehte ho ab
Hamse bhi naa bola jaye

Dil to aakhir dil hota hai
Kahan-kahan ye pagla jaye

Tumse aur suna na jaye
Hamse aur likha na jaye

35

हर कदम पे तीरगी, अब क्या कहें
कट रही है ज़िन्दगी, अब क्या कहें

ख्वाहिशें, आराइशें, हुस्न ओ जमाल
क्या बताएं क्या हुई, अब क्या कहें

हम अगर मिलते तो मिलते किस तरह
आसमां तू, मैं ज़मीं, अब क्या कहें

वक़्ते रुखसत कहना तो चाहा बहुत
हाय मेरी बेबसी, अब क्या कहें

इश्क़ ने ढाया कहर, कुछ इस क़दर
ना, नहीं, अब फिर नहीं, अब क्या कहें

कर बयां, कुछ तो ज़रा, देखा था क्या
आफरीन ओ महजबीं, अब क्या कहें

मसअला दो वक़्त की रोटी का है
वरना मैं और नौकरी, अब क्या कहें

Har kadam pe teergī, ab kya kahein
Kat rahi hai zindagi, ab kya kahein

Khvahishein, aaraishein, husn o jamal
Kya bataein kya hui, ab kya kahein

Ham agar milte to milte kis tarah
Aasman tu, main zamin, ab kya kahein

Waqt e rukhsat kahna to chhaha bahut
Haye meri bebasi, ab kya kahein

Ishq ne dhhaya kahar, kuch is qadar
Na, nahin, ab phir nahin, ab kya kahein

Kar bayaan, kuch to zara, dekha tha kya
Aafrīn o mahzabein, ab kya kahein

Mas'ala do waqt kīi roti ka hai
warna main aur naukri, ab kya kahein

दोनों ही इस बज़्म में रुस्वा हुए
मैं और मेरी शायरी, अब क्या कहें

दोस्त मेरे, ढूंढते हैं रात दिन
कुछ तो हो मुझ में कमी, अब क्या कहें

बस यही दो गज़ की है, जो कुछ भी है
मेरे हिस्से की ज़मीं, अब क्या कहें

Donon hi is bazm mein ruswaa hue
Main aur meri shayari, ab kya kahein

Dost mere, dhoondhte hain raat din
Kuch to ho mujh mein kami, ab kya kahein

Bas yahi do gaz ki hai, jo kuch bhi hai
Mere hisse ki zameen, ab kya kahein